V $_{+589.}$

(il manque huit planches)

2662

CONCOURS

DÉCENNAL.

A V I S.

———

Nóus avons l'honneur de prévenir
Messieurs les Souscripteurs qu'il s'est
commis une erreur dans le titre du texte
de la planche représentant LA PUDEUR,
et que l'on a mis le nom de M. *Lemot*
aulieu de celui de M. *Cartellier,* auteur
de cette statue.

CONCOURS
DÉCENNAL,

OU

COLLECTION GRAVÉE

DES OUVRAGES DE PEINTURE,

SCULPTURE, ARCHITECTURE ET MÉDAILLES,

MENTIONNÉS DANS LE RAPPORT DE L'INSTITUT.

PARIS,

CHEZ FILHOL ET BOURDON, ARTISTES ET ÉDITEURS, RUE DE L'ODÉON, N.º 35.

———————

DE LA FONDERIE ET IMPRIMERIE DE GILLÉ FILS.

1812.

LA JUSTICE

ET

LA VENGEANCE DIVINE

POURSUIVANT LE CRIME,

TABLEAU PAR M. PRUD'HON,

MEMBRE DE LA LÉGION D'HONNEUR.

LA JUSTICE

ET

LA VENGEANCE DIVINE

POURSUIVANT LE CRIME.

EXPLICATION DU SUJET.

Cette allégorie représente le Crime qui fuit après avoir frappé sa victime pour lui dérober un trésor. La Justice et la Vengeance divine le poursuivent, et sont près de le saisir; l'une tient entre ses mains la balance et le glaive, l'autre est armée du flambeau de la vérité. La scène se passe dans un site sauvage, et est éclairée par la lune.

Ce tableau, exécuté par M. Prud'hon, pour la Cour d'Assises du département de la Seine, est placé dans la salle d'audience, au Palais de Justice.

Il a été exposé au Salon de 1808; il est peint sur toile.

Hauteur, 2 mètres 43 centimètres 7 millimètres (7 pieds 4 pouces).
Largeur, 3 mètres (9 pieds).

PEINT PAR PRUD'HON.

Dessiné par J. le Roy.

Gravé par B.r Roger.

LA JUSTICE ET LA VENGEANCE DIVINE.

Poursuivant le Crime

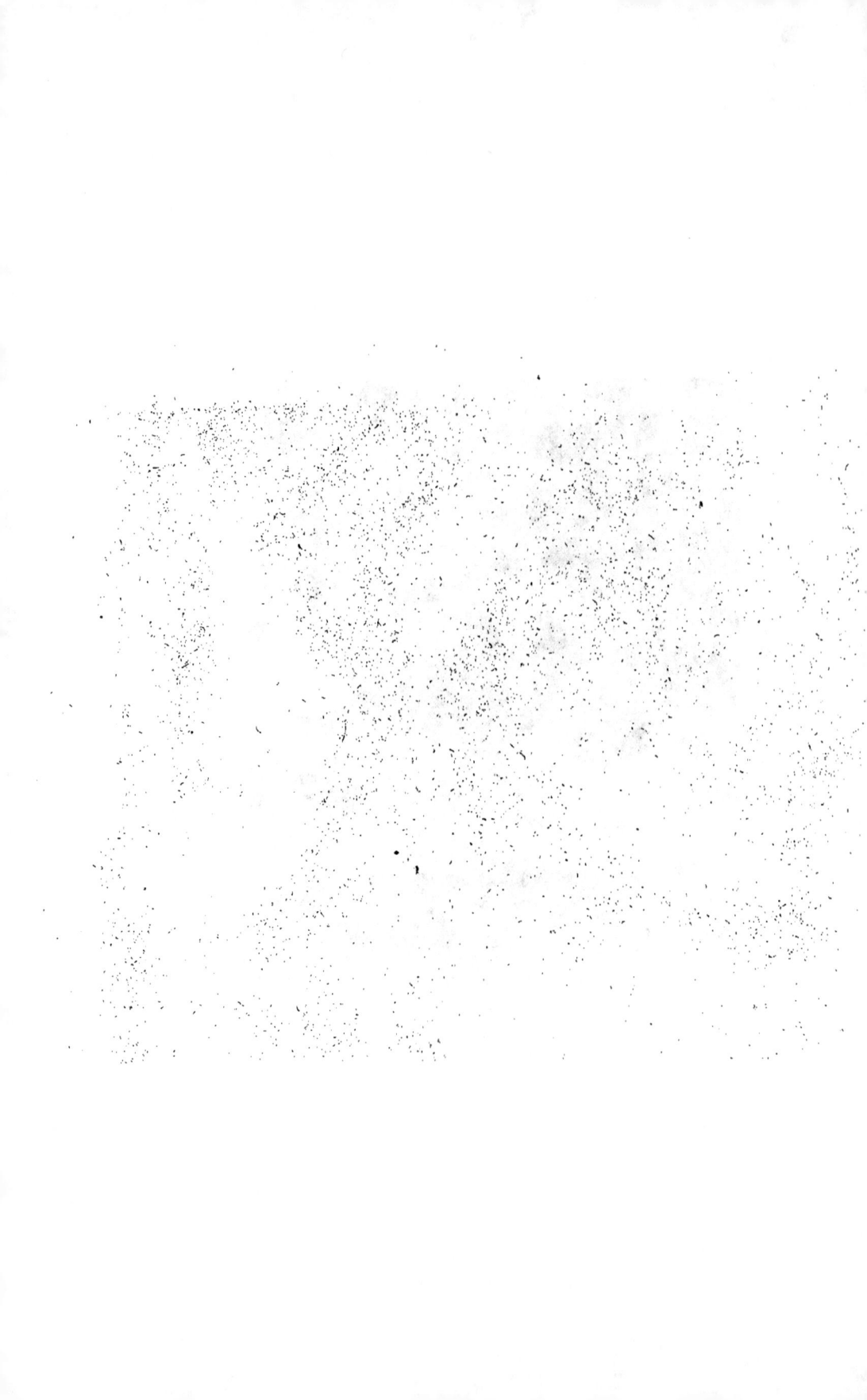

L'EMPEREUR

NAPOLÉON,

STATUE PAR M. CHAUDET,

MEMBRE DE LA LÉGION D'HONNEUR.

L'EMPEREUR NAPOLÉON.

EXPLICATION DU SUJET.

Cette statue est traitée dans le style héroïque ; l'Empereur est représenté le diadème et la couronne de laurier sur la tête, et revêtu du paludamentum (manteau de guerre des Empereurs romains). Il est ceint d'une épée, et tient dans sa main droite le Code civil des Français ; ce qui caractérise à-la-fois le guerrier et le législateur.

Cette statue a été exécutée pour le Corps Législatif ; elle orne la salle des séances. Le piédestal porte cette inscription :

A
NAPOLÉON EMPEREUR,
LE CORPS LÉGISLATIF,
AN XIII, 1805,
FONTANES, PRÉSIDENT.
QUESTEURS,
DELATTRE, JACOPIN,
VIENOT-VAUBLANC, TERRASSON.

Cette figure est en marbre.

Proportion, 2 mètres (6 pieds).

Dessiné par Bourdon.

Gravé par J.M. Saugier.

L'EMPEREUR NAPOLÉON.

LE CHAMP DE BATAILLE

D'EYLAU,

TABLEAU PAR M. GROS,

MEMBRE DE LA LÉGION D'HONNEUR.

LE CHAMP DE BATAILLE
D'EYLAU.

EXPLICATION DU SUJET.

LE lendemain de la bataille d'Eylau, S. M. l'Empereur des Français visita le champ de bataille, et fit donner des secours aux soldats russes qui étaient blessés; la neige teinte de sang, couverte de morts et de mourans, offrait un spectacle horrible, dont Sa Majesté parut vivement touchée.

M. Gros a choisi l'instant où Sa Majesté s'arrête devant un jeune chasseur lithuanien blessé, et fait panser ses blessures par M. Percy, chirurgien en chef. Ce jeune homme, pénétré d'admiration pour Sa Majesté, lui témoigne sa reconnaissance avec un mouvement d'enthousiasme.

S. M. l'Empereur et Roi est accompagnée de S. M. le Roi de Naples, de S. A. S. le prince de Neuchâtel et de Wagram, et de L. Ex. MM. le prince d'Eckmulh, duc d'Auerstaedt, le duc de Dalmatie et le duc d'Istrie. Dans le fond du tableau, on voit l'armée française dont Sa Majesté va passer la revue.

Ce tableau a été exécuté pour Sa Majesté, et exposé au Salon de 1808. Il est peint sur toile.

Hauteur, 5 mètres 33 centimètres 1 millimètre (16 pieds).
Largeur, 8 mètres (24 pieds).

L'EMPEREUR NAPOLÉON

HONORANT

LE MALHEUR DES BLESSÉS ENNEMIS,

TABLEAU PAR M. DEBRET.

L'EMPEREUR NAPOLÉON

HONORANT

LE MALHEUR DES BLESSÉS ENNEMIS.

EXPLICATION DU SUJET.

L'EMPEREUR étant à l'armée d'Italie, regardait un jour défiler devant lui des prisonniers autrichiens ; lorsqu'il vit passer des chariots remplis de blessés, il ôta son chapeau, et dit : Honneur au courage malheureux.

Ces paroles remarquables et dignes d'être consignées dans l'histoire, ont fourni à M. Debret un sujet très propre à la peinture, et qui s'explique de lui-même, tant la pantomime en est précise.

S. M. l'Empereur et Roi est accompagnée de LL. MM. le Roi de Naples, et le Vice-Roi d'Italie, et de S. Ex. monseigneur le Duc de Castiglione.

Ce tableau a été exécuté pour le Corps-Législatif, et orne la salle des conférences. Il est peint sur toile.

Hauteur, 3 mètres 33 centimètres 3 millimètres (10 pieds).
Largeur, 5 mètres (15 pieds).

ALLOCUTION,

TABLEAU PAR M. GAUTHEROT.

ALLOCUTION.

EXPLICATION DU SUJET.

Le 12 octobre 1805, le deuxième corps de la grande armée, commandé par le général Marmont, se mit en marche forcée, pour prendre position sur les hauteurs d'Illersheim. L'Empereur était près du pont du Lech (à Ausbourg), lorsque ce corps défilait. Il fit former en cercle chaque régiment; il leur parla de la situation de l'ennemi, de l'imminence d'une grande bataille et de la confiance qu'il avait en leur bravoure. Pendant qu'il les haranguait, il faisait un tems affreux. La troupe éprouvait un froid très-vif; mais en écoutant Sa Majesté, elle oubliait ses fatigues, et n'aspirait qu'à combattre.

S. M. est accompagnée de LL. Ex. MM. le duc d'Istrie et le duc de Raguse.

Ce tableau a été commandé par S. M.; il est placé dans la galerie de Diane, au palais des Tuileries.

Hauteur 3 mètres 33 centimètres 6 millimètres (10 pieds).
Largeur 5 mètres 5 millimètres (15 pieds).

L'ARSENAL
D'INSPRUCK,
TABLEAU PAR M. MEYNIER.

L'ARSENAL D'INSPRUCK.

EXPLICATION DU SUJET.

Les soldats du 76.me de ligne avaient perdu trois drapeaux dans les Grisons, et les regrettaient vivement ; ils savaient que l'Europe n'avait point oublié leur malheur, quoiqu'elle ne pût accuser leur courage : ces drapeaux ayant été reconnus dans l'arsenal d'Inspruck par un officier français, tous ces braves y accoururent aussitôt, et lorsque le maréchal Ney, prince de la Moskowa, duc et pair de France, les leur rendit, les vieux soldats pleuraient de joie, et les jeunes étaient fiers d'avoir servi à reprendre sur l'ennemi les enseignes enlevées à leurs aînés.

Ce tableau a été exécuté pour le gouvernement, et fait suite à ceux de la campagne de 1805 ; il est peint sur toile.

Hauteur, 3 mètres 33 centimètres (10 pieds).
Largeur, 5 mètres 49 centimètres (16 pieds 6 pouces).

LA BATAILLE

D'AUSTERLITZ,

TABLEAU PAR M. CARLE VERNET,

MEMBRE DE LA LÉGION D'HONNEUR.

LA BATAILLE D'AUSTERLITZ.

EXPLICATION DU SUJET.

Buonaparte accompagné de quelques maréchaux d'Empire et de plusieurs généraux, donne des ordres pour la bataille d'Austerlitz.

Ce tableau a été exposé au salon de 1808.

Hauteur, douze pieds.
Largeur, vingt pieds.

BUONAPARTE

PARDONNANT

AUX RÉVOLTÉS DU CAIRE,

TABLEAU PAR M. GUÉRIN,

MEMBRE DE LA LÉGION D'HONNEUR.

BUONAPARTE

PARDONNANT

AUX RÉVOLTÉS DU CAIRE.

EXPLICATION DU SUJET.

Les révoltés soumis et désarmés, sont amenés au vainqueur. Buonaparte leur fait grâce; et ordonne qu'on les mette en liberté. Le personnage vu de dos et qui lie la composition, est l'interprète qui transmet les paroles du vainqueur.

Buonaparte est accompagné de son Etat-Major et de plusieurs membres de l'Institut d'Egypte. Le site, orné de quelques édifices, représente la place d'Elbekir.

Ce tableau a été exécuté pour le Gouvernement et exposé au Salon de 1808.

Il est peint sur toile.

Hauteur, 3 mètres 33 centimètres 6 millimètres (10 pieds).
Largeur, 5 mètres 5 millimètres (15 pieds).

L'ENTRÉE

DES FRANÇAIS DANS VIENNE,

TABLEAU PAR M. GIRODET,

MEMBRE DE LA LÉGION D'HONNEUR.

L'ENTRÉE

DES FRANÇAIS DANS VIENNE.

EXPLICATION DU SUJET.

Les Officiers Municipaux, le Clergé, et les Généraux commandant la place, viennent au-devant du vainqueur, et lui présentent les clefs de leur ville. Il est accompagné des officiers généraux Murat, Berthier, Bessières, et de plusieurs autres officiers de différens grades. On aperçoit derrière les Magistrats, quelques habitans de la ville attirés par la curiosité.

Ce tableau, exécuté par M. Girodet pour le Gouvernement, a été exposé au Salon de 1808.

Il est peint sur toile.

Hauteur, 3 mètres 33 centimètres 6 millimètres (10 pieds).
Largeur, 5 mètres 5 millimètres (15 pieds).

LE SACRE,

TABLEAU PAR M. DAVID,

OFFICIER DE LA LÉGION D'HONNEUR.

SACRE ET COURONNEMENT

DE BUONAPARTE ET DE JOSEPHINE,

A NOTRE-DAME, LE 2 DÉCEMBRE 1804,

PAR LE PAPE PIE VII.

EXPLICATION DU SUJET,

Extraite du Cérémonial inséré au Moniteur.

SECTION II.

Art. 6. Près de l'autel, du côté de l'évangile, sera le Pape, entouré de ses grands officiers, et placé sur un trône. De l'autre côté de l'autel les Cardinaux : des deux côtés du chœur, les Archevêques, les Evêques et le Clergé de Paris.

Art 7. Au milieu du chœur seront deux fauteuils pour l'Empereur et l'Impératrice.

Art. 8. A droite du trône, la tribune impériale ; à côté dans une tribune, seront les Dames et Officiers des Princes et Princesses :

vis-à-vis, à gauche du trône, sera la tribune du Corps Diplomatique étranger et français.

SECTION IV.

Art. 15. Les places autour des trônes de Leurs Majestés seront ainsi disposées : derrière l'Empereur, les deux Princes et les deux Grands Dignitaires. Derrière les Princes, le Colonel-Général de la Garde, le Grand-Maréchal et les deux Grands-Officiers qui portent l'anneau et le collier de l'Empereur. A droite des Princes et en obliquant en avant, le Grand-Chambellan et le Grand-Ecuyer; derrière eux deux Chambellans. Derrière l'Impératrice, les Princesses, les trois Grands-Officiers qui portent l'anneau, le manteau et la couronne de l'Impératrice. A gauche des Princesses et en obliquant en avant, la Dame d'honneur, la Dame d'atour, le premier Ecuyer et le premier Chambellan de l'Impératrice. Le Grand-Maître des cérémonies près de l'autel, le Maître des cérémonies à gauche du trône du Pape et de l'autel.

Art. 22 et suivans. Leurs Majestés arrivées au pied de l'autel, elles s'y mettent à genoux sur des carreaux.

Sa Sainteté fera à l'Empereur et à l'Impératrice une triple onction, l'une sur la tête et les autres aux deux mains; elles se rendront ensuite sur leur petit trône.

S. S. commencera ensuite la messe, et continuera jusqu'au graduel inclusivement.

La tradition des ornemens aura lieu après la bénédiction des couronnes.

Art. 30. L'Impératrice recevra à genoux la couronne que l'Empereur placera sur sa tête.

Le Saint Père se lèvera de son siége, et, assisté des Cardinaux, il conduira solennellement LL. MM. au grand trône au fond de l'église, etc.

Ce Tableau fut exécuté pour le Gouvernement, et exposé au Salon de 1810; il est peint sur toile.

Hauteur, 7 mètres 33 centimètres (22 pieds).
Largeur, 10 mètres (30 pieds).

LES TROIS AGES,

TABLEAU PAR M. GÉRARD,

MEMBRE DE LA LÉGION D'HONNEUR.

LES TROIS AGES.

EXPLICATION DU SUJET.

Dans le voyage de la vie, la femme est le guide, le charme et le soutien de l'homme.

(MAXIMES DES ORIENTAUX.)

Pour rendre cette pensée, M. Gérard a représenté une jeune femme couronnée de fleurs, assise entre son père et son époux; son enfant sommeille sur ses genoux. Cette famille, image du bonheur, se repose sur des ruines, au bord d'un chemin : le fond offre un riche paysage, qui rappelle cette Arcadie, tant vantée par les poètes.

Ce tableau a été exécuté pour S. M. la Reine de Naples, et exposé au Salon de 1808. Il est peint sur toile.

Hauteur, 2 mètres 66 centimètres 6 millimètres (8 pieds).
Largeur, 3 mètres 33 centimètres 3 millimètres (10 pieds).

PEINT PAR GÉRARD.

Dessiné par Réville. Gravé à l'eau forte par Leprevost. Terminé par Legrand.

LES TROIS AGES.

LES ADIEUX

D'EUCHARIS

ET DE TÉLÉMAQUE,

TABLEAU PAR M. MEYNIER.

LES ADIEUX

D'EUCHARIS ET DE TÉLÉMAQUE.

EXPLICATION DU SUJET.

TÉLÉMAQUE, conduit par Minerve sous la figure de Mentor, fut jeté, après un naufrage, sur les bords de l'île de la déesse Calypso. Vénus irritée du mépris que ces deux étrangers avaient témoigné pour son culte, et ne pouvant se consoler de voir qu'ils eussent échappé à la tempête excitée par Neptune, chargea l'Amour du soin de sa vengeance, descendit avec lui dans l'île, et le confia à Calypso. Cette Déesse le prit dans ses bras, et sentit la flamme qui coulait déjà dans son sein. Bientôt après, Télémaque et la nymphe Eucharis brûlèrent aussi l'un pour l'autre des mêmes feux. Mentor inquiet sur la situation de son malheureux ami, et craignant qu'il ne pût résister à la violence de sa passion, conçut le projet de l'arracher de ces lieux. Il commença par exciter la jalousie de Calypso, qui lui procura les instrumens nécessaires pour la construction d'un vaisseau, et lorsqu'il eut achevé son ouvrage, il parla ainsi à Télémaque : « Fils du sage Ulysse, rappelez tout votre courage ; à quel point les » Dieux vous aiment-ils, puisqu'ils vous ouvrent un si beau chemin pour » fuir l'Amour, et pour revoir votre chère patrie ! Calypso elle-même » est contrainte de vous chasser. Le vaisseau est tout prêt : que tardons » nous à quitter cette île où la vertu ne peut habiter ? » En disant ces paroles, il le prit par la main et l'entraîna vers le rivage. Mais Télémaque suivait à peine, et regardait toujours sa chère Eucharis.

C'est cet instant que M. Meynier a rendu dans sa composition. Ce tableau est peint sur toile.

Hauteur, 1 mètre 66 centimètres 5 millimètres (5 pieds).
Largeur, 2 mètres 16 centimètres (6 pieds 6 pouces).

PEINT PAR MEYNIER.

B.ᵛᵉ Delpech, par ᵉᵗ du Roy.　　Gravé et lithographié par l'Antique.　　Terminé par Baron.

LES ADIEUX D'EUCHARIS ET DE TÉLÉMAQUE.

CYPARISSE

PLEURANT SON JEUNE CERF,

STATUE PAR M. CHAUDET,

MEMBRE DE LA LÉGION D'HONNEUR.

CYPARISSE

PLEURANT SON JEUNE CERF.

EXPLICATION DU SUJET.

Cyparisse, fils de Télèphe, naquit à Carthée, ville de l'île de Cos ; il était favori d'Apollon. Ce jeune homme avait apprivoisé un cerf qu'il aimait passionnément ; l'ayant tué par mégarde à la chasse, il en mourut de douleur, et fut métamorphosé en cyprès. Apollon touché de sa mort, voulut pour honorer sa mémoire, que cet arbre fût le symbole de la tristesse, et qu'on le plantât auprès des tombeaux.

M. Chaudet a choisi l'instant où Cyparisse, après avoir posé l'appareil sur la blessure de son fidèle compagnon, le tient dans ses bras, enveloppé de sa chlamyde, et semble, par sa douleur, présager la perte qu'il va faire. On voit à ses pieds le trait mortel qu'il a brisé.

Cette figure a été exposée au Salon de 1810. Elle est en marbre.

Proportion, 1 mètre 49 centimètres 3 millimètres (4 pieds 5 pouces).

Dessiné par E. Bolardon.   Gravé par J. M. Leugère.

CYPARISSE PLEURANT SON JEUNE CERF.

LES SABINES,

TABLEAU PAR M. DAVID,

OFFICIER DE LA LÉGION D'HONNEUR,

PREMIER PEINTRE DE SA MAJESTÉ.

LES SABINES.

EXPLICATION DU SUJET.

Romulus, après la fondation de Rome, voulut, pour assurer la durée de ce nouvel Etat, augmenter le nombre des femmes des Romains; il envoya des Ambassadeurs aux Sabins et aux autres peuples circonvoisins, pour leur en demander, et leur proposer une alliance avec Rome; mais ceux-ci, que l'agrandissement de cette ville commençait à inquiéter, rejetèrent la proposition avec mépris. Romulus, irrité d'un pareil refus, résolut d'employer la force. Pour l'exécution de son projet, il fit publier qu'on célébrerait à Rome des jeux solennels en l'honneur de Neptune Chevalier, présumant bien que ces peuples ne manqueraient pas d'y accourir. En effet, au jour destiné à cette solennité, ils y vinrent en foule avec leurs femmes et leurs enfans, et pendant qu'ils regardaient le spectacle, les Romains, à un signal convenu, se jetèrent, l'épée à la main, dans l'assemblée, enlevèrent les filles, et chassèrent de Rome les pères et les mères qui réclamaient en vain les droits de l'hospitalité.

Cet attentat causa une guerre qui dura plusieurs années. Les Céniniens, les Antemnates et les Crustuminiens furent vaincus par Romulus; mais Tatius, roi de Cures, prit les armes avec plus de succès, et pénétra jusques dans Rome.

C'est ce moment que M. David a rendu dans sa composition. On verra, je pense, avec plaisir, la description que M. Ducis a faite de ce tableau dans une épître adressée à M. Vien.

> Au pied du Capitole, entre ces deux armées
> D'une égale fureur au combat animées,
> Quand déjà le sang coule et fait fumer les mains
> Des Sabins indignés, des perfides Romains,
> Je vois, je vois courir les Sabines troublées,
> Leurs enfans sur leur sein, pâles, échevelées :
> « Arrêtez-vous cruels! ou de vos bras sanglans
> » Massacrez sans pitié vos femmes, vos enfans.
> » Les voilà sous vos pieds! nous sommes vos familles,
> » Vos brus, vos tristes sœurs, vos femmes et vos filles ;

» Pour nous percer le flanc, vous marcherez sur eux.
» Commencez sur nos corps ce parricide affreux. »
Le combat a cessé. Ces mères éperdues,
Sous des forêts de dards, de lances suspendues,
Parmi tant de guerriers, frères, pères, époux,
En leur montrant leurs fils, en pressant leurs genoux,
Ont ému la pitié dans tous ces cœurs farouches ;
Elle est dans leurs regards, dans leur port, sur leurs bouches.
De Tatius déjà le glaive est abaissé ;
Le dard de Romulus n'est pas encore lancé.
Dans sa force et ses traits je lis le sort de Rome :
Oui, c'est Mars, c'est un Dieu. Tatius n'est qu'un homme.
O vous qui nous montrez ces enfans étendus !
Ne craignez rien pour eux, vos pleurs sont entendus.

Ce tableau est peint sur toile.

Hauteur , 5 mètres 35 centimètres (16 pieds).
Largeur , 6 mètres 33 centimètres (19 pieds).

PEINT PAR DAVID.

LES SABINES.

Dessiné par Bourdet.

Gravé à l'eau forte par Lacoste.

Terminé par Lignon.

ARISTIDE,

STATUE PAR M. CARTELLIER,

MEMBRE DE LA LÉGION D'HONNEUR.

ARISTIDE.

EXPLICATION DU SUJET.

Aristide, fils de Lysimachus, était de la tribu Antiochide et du bourg d'Alopèce. Il se distingua par son courage aux journées de Marathon et de Platée, et fut recommandable par une grande intégrité dans l'administration des deniers publics. Ses vertus lui méritèrent le surnom de juste, mais excitèrent contre lui l'envie. Thémistocle ne pouvant voir sans dépit l'influence qu'il avait dans le gouvernement, parvint à persuader aux Athéniens qu'elle pouvait être dangereuse; et ce même peuple, dont Aristide avait été l'idole, plus inconstant encore que jaloux de sa liberté, le condamna au ban de l'ostracisme. On rapporte, à cette occasion, qu'un paysan, ne sachant pas écrire, s'adressa à lui sans le connaître, et le pria d'écrire sur sa coquille le nom d'Aristide; celui-ci, surpris, demande à cet homme si Aristide lui a fait quelque tort : « Aucun, répondit le paysan, je ne le » connais même pas; mais je suis las de l'entendre partout » appeler le juste. » Aristide écrivit son nom tranquillement, et lui rendit sa coquille. Ce grand homme, en sortant de la ville, demanda aux Dieux que les Athéniens ne se trouvassent jamais dans une situation assez fâcheuse pour se souvenir de lui.

M. Cartellier l'a représenté tenant la coquille, et prêt à écrire sa condamnation; près de lui est un cippe sur lequel est affichée la loi de l'ostracisme.

Cette statue orne la salle des séances du Sénat Conservateur.

Proportion, 2 mètres (6 pieds).

Dessiné par Bourdon.

Gravé par Ceroi.

ARISTIDE.

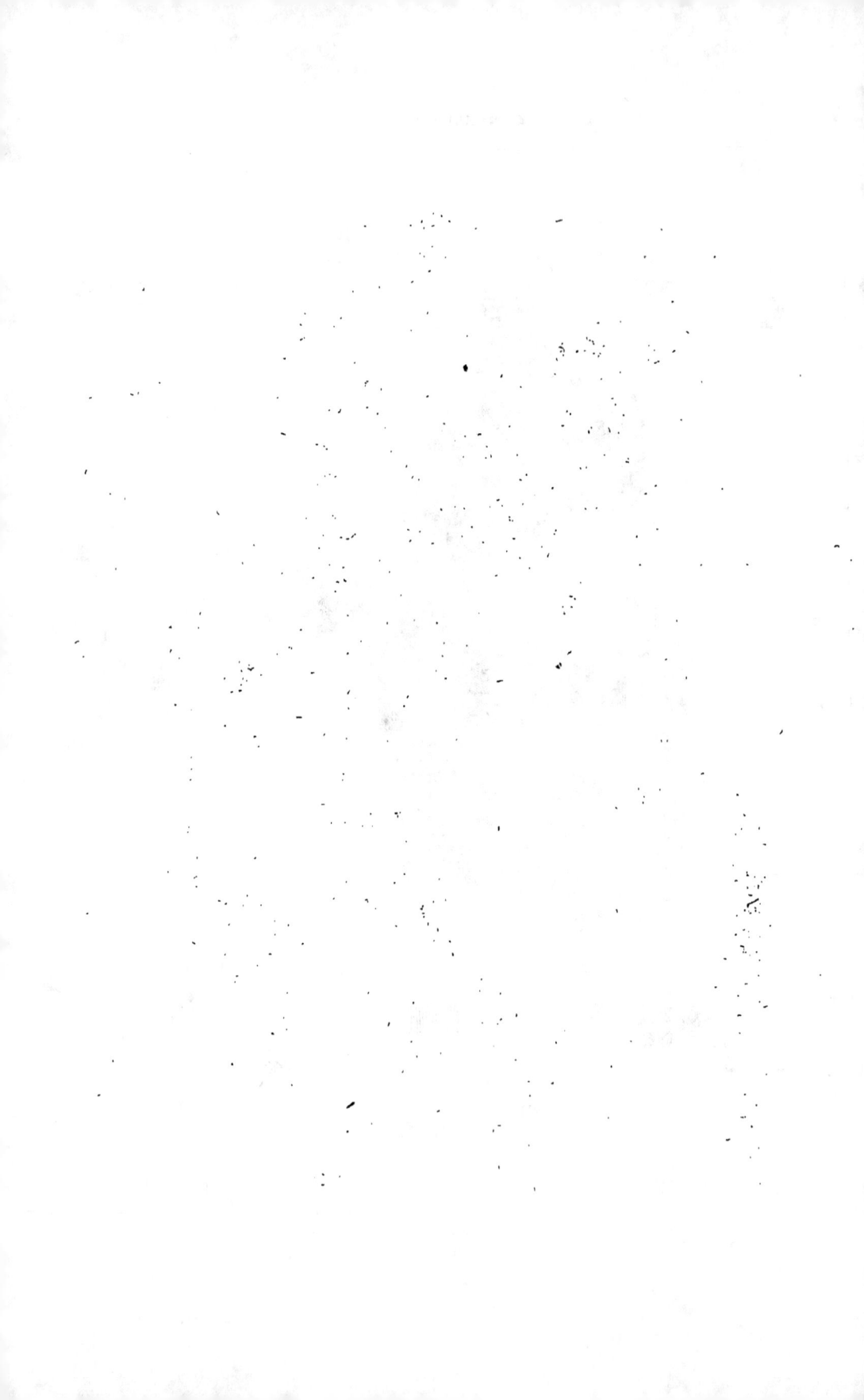

LE RETOUR

DE

MARCUS SEXTUS,

TABLEAU PAR M. GUÉRIN,

MEMBRE DE LA LÉGION D'HONNEUR.

LE RETOUR

DE MARCUS SEXTUS.

EXPLICATION DU SUJET.

Marcus Sextus, échappé aux proscriptions de Sylla, trouve, à son retour, sa fille en pleurs auprès de sa femme expirée.

Ces personnages et cette situation sont de l'invention de M. Guérin.

Ce tableau a été exposé au salon de l'an sept.

Hauteur 2 mètres 50 centimètres (7 pieds 6 pouces).
Largeur 2 mètres 25 centimètres (6 pieds 9 pouces).

PEINT PAR GUÉRIN.

Dessiné par Bourdent.   Gravé à l'eau forte par Quinerle.   Terminé par C. Rabault.

MARCUS SEXTUS.

VERGNIAUD,

STATUE PAR M. CARTELLIER,

MEMBRE DE LA LÉGION D'HONNEUR.

VERGNIAUD.

EXPLICATION DU SUJET.

Vergniaud (Pierre-Victorin), né à Limoges en 1759, se fit avocat à Bordeaux, et fut député par le département de la Gironde à l'assemblée législative et à la convention nationale; il s'y distingua par une éloquence mâle, et fut victime de ses opinions politiques. Condamné à périr sur l'échafaud le 30 octobre 1793, à l'âge de 35 ans, il montra beaucoup de courage en entendant prononcer sa sentence, et jeta même alors avec mépris, le poison qu'il portait habituellement sur lui.

M. Cartellier l'a représenté occupé à composer une harangue; il est revêtu seulement d'un manteau; près de lui est un bureau sur lequel sont placés les œuvres de Démosthènes, une lampe et quelques papiers, où il a déjà tracé ces deux phrases.

« Quand pour la première fois, les peuples se prosternèrent devant le soleil, qu'ils appelaient le père de la nature, croyez-vous qu'il s'enveloppa des nuages qui portent la tempête? »

« La révolution est comme Saturne qui dévore ses enfans. »

Cette statue, en plâtre, a été exécutée pour le Sénat conservateur, et décore le grand escalier du palais.

Proportion 2 mètres 66 centimètres 6 millimètres (8 pieds).

Dessiné par Bourdon

B.R

Gravé par Forster

VERGNIAUD.

SCÈNE DU DÉLUGE,

TABLEAU PAR M. GIRODET,

MEMBRE DE LA LÉGION D'HONNEUR.

SCÈNE DU DÉLUGE.

EXPLICATION DU SUJET.

M. Girodet ne voulant rendre qu'une scène du déluge, a imaginé une des situations les plus terribles; il a représenté un homme dans la vigueur de l'âge, luttant contre la mort, et cherchant à sauver son père, sa femme et ses enfans : ce malheureux est parvenu à gravir avec eux au sommet d'un rocher et à s'accrocher à une branche d'arbre; mais la branche se rompt et toute cette famille va rouler dans l'abîme.

Ce tableau a été exposé au salon de 1806. Il est peint sur toile.

Hauteur 5 mètres (15 pieds).

Largeur 3 mètres 34 centimètres (10 pieds).

Dessiné par C. Bourdet.   Gravé par Corot ?

SCÈNE DU DÉLUGE.

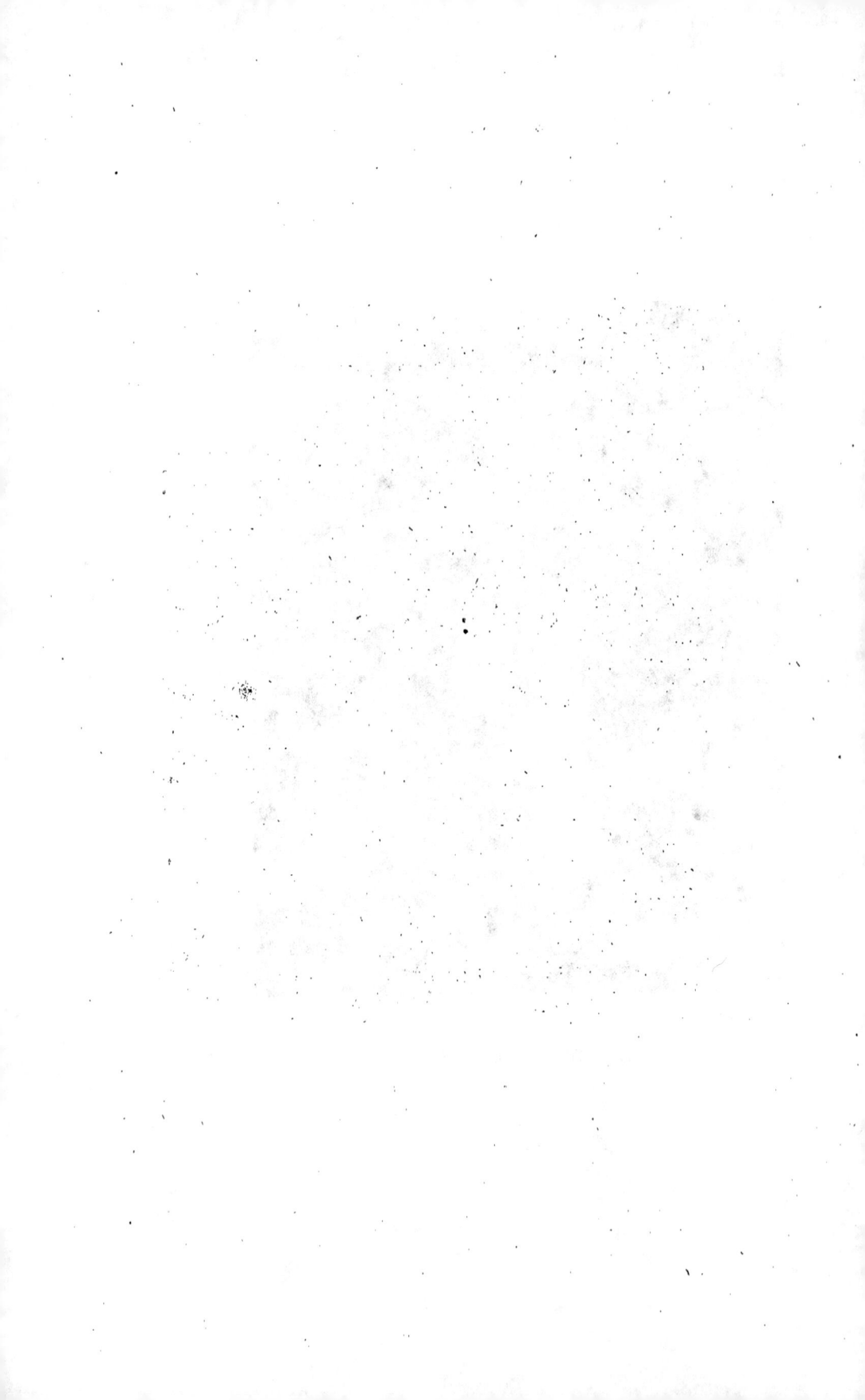

PASSAGE

DU

MONT SAINT-BERNARD,

TABLEAU

PAR M. THEVENIN.

PASSAGE
DU MONT SAINT-BERNARD.

EXPLICATION DU SUJET.

L'ARMÉE est en marche, et monte à l'hospice du mont Saint Bernard; une pièce de canon, encaissée dans un tronc d'arbre, est traînée par des soldats; l'Empereur, au milieu du tableau, entouré de l'état-major, des généraux Duroc, Bessières, etc., les encourage par sa présence et ses discours. Il leur montre le haut du passage comme le but de leurs travaux et le chemin de la gloire. Près du canon, le général Marmont, commandant en chef l'artillerie, donne des ordres aux canonniers, qui, avec des leviers, dirigent les mouvemens de la pièce; le prince Eugène Beauharnais est sur le devant à la tête d'un détachement des guides. Des officiers du douzième régiment de hussards sont près de lui. Le maréchal Berthier, faisant fonction de général en chef, arrêté par la file des soldats qui tirent une pièce de canon, admire l'ensemble de cette marche extraordinaire; à la gauche de l'Empereur, le prince Murat donne des ordres à un grenadier de la garde, dont un détachement file par derrière. On aperçoit plus loin deux petites cabanes, dont l'une sert d'abri aux voyageurs surpris par la tourmente, et dont l'autre sert de sépulture à ceux qui périssent sur la montagne. L'armée marchant sur une seule ligne; ou se divisant lorsque le sol le permet, occupe le haut du tableau, et, après différentes sinuosités, arrive enfin à l'hospice.

M. Thévenin ayant dessiné d'après nature les différens points de vue qui forment l'ensemble de ce tableau, a peint cette montagne avec la plus grande exactitude; il a représenté le tiers supérieur de la vallée qui conduit à l'hospice du mont Saint Bernard du côté du Valais, environ une lieue d'étendue.

Ce tableau appartient à S. M. Il est peint sur toile.

Hauteur 5 mètres (15 pieds).
Largeur 7 mètres 66 centimètres (23 pieds).

PEINT PAR THÉVENIN.

Gravé à l'eau-forte par Dup.^{te} Cte Bertrand.

Terminé par Dupont.

Dessiné par Cuvier.

PASSAGE DU MONT SAINT~BERNARD.

L'EMPEREUR

NAPOLÉON,

STATUE PAR M. ROLAND,

MEMBRE DE LA LÉGION D'HONNEUR.

L'EMPEREUR
NAPOLÉON.

EXPLICATION DU SUJET.

Napoléon I.er revêtu des habits impériaux, tient le sceptre d'une main et de l'autre distribue des couronnes et des croix d'honneur placées sur un autel.

Cette statue, en marbre, a été exécutée pour l'Institut, et orne la salle des séances.

Proportion 2 mètres 33 centimètres (7 pieds).

L'EMPEREUR NAPOLÉON.

LES REMORDS

D'ORESTE,

TABLEAU

PAR M. HENNEQUIN.

LES REMORDS D'ORESTE.

EXPLICATION DU SUJET.

Oreste long-tems absent d'Argos, sa patrie, y rentre sans
être reconnu. Pilade et lui visitent comme étrangers les
lieux chéris de leur enfance. Ils arrivent près d'une fontaine,
et voient une femme dans la douleur; Oreste s'approche
d'elle et lui demande des nouvelles d'Agamemnon, de
Clytemnestre et d'Electre, leur fille chérie; il va même
jusqu'à en demander d'Oreste; mais à ce nom si cher,
l'émotion d'Electre est si grande, qu'il reconnaît sa sœur,
et se découvre pour le fils d'Agamemnon, Electre alors lui
apprend les malheurs de sa famille, l'affreux parricide que
Clytemnestre a commis pour épouser Egysthe. Oreste hors
de lui, ne respirant plus que la vengeance, court au temple,
y pénètre, et, au pied des autels, immole sa mère aux
mânes d'Agamemnon.

Ce crime qui révolte la nature et les dieux, trouble sans
cesse le repos d'Oreste. Poursuivi par les remords, déchiré
par les furies, il en voit une sans cesse occupée à lui montrer
le poignard plongé dans le sein maternel, spectacle affreux
que lui seul aperçoit, qu'il cherche à éviter, mais que le
destin le condamne à supporter jusqu'à ce que les lois
d'Athènes l'aient absous de son crime.

Ce tableau fut acheté lors de son exposition par le gouvernement; il est peint sur toile.

Hauteur, 3 mètres 8 décimètres (9 pieds 6 pouces).
Largeur, 5 mètres 2 décimètres (15 pieds 2 pouces).

B.N. *Dessiné par Marchais.*   *Gravé à l'eau forte par Queverdo.*   *Terminé par Pigeot.*

LES REMORDS D'ORESTE.

LA PATRIE

APPELANT

SES ENFANS A SA DÉFENSE,

BAS-RELIEF PAR M. MOITTE,

MEMBRE DE LA LÉGION D'HONNEUR.

LA PATRIE

APPELANT SES ENFANS A SA DÉFENSE.

EXPLICATION DU SUJET.

L A France est figurée par une jeune femme assise dans
une chaise curule; on voit à ses pieds le coq, symbole des
Gaules : elle appelle les jeunes français à sa défense. Animés
par la Victoire qui leur présente la palme du triomphe, ils
marchent au combat, et jurent de vaincre ou de mourir
pour leur pays.

Derrière la France est Minerve, qui étend son bouclier
sur elle en signe de protection ; près d'elle sont la Justice,
la Prudence et la Force.

Ce bas-relief orne la salle des séances de la Chambre
des Pairs.

Hauteur, 1 mètre 13 centimètres (3 pieds 5 pouces).
Largeur, 4 mètres 16 centimètres (12 pieds 6 pouces).

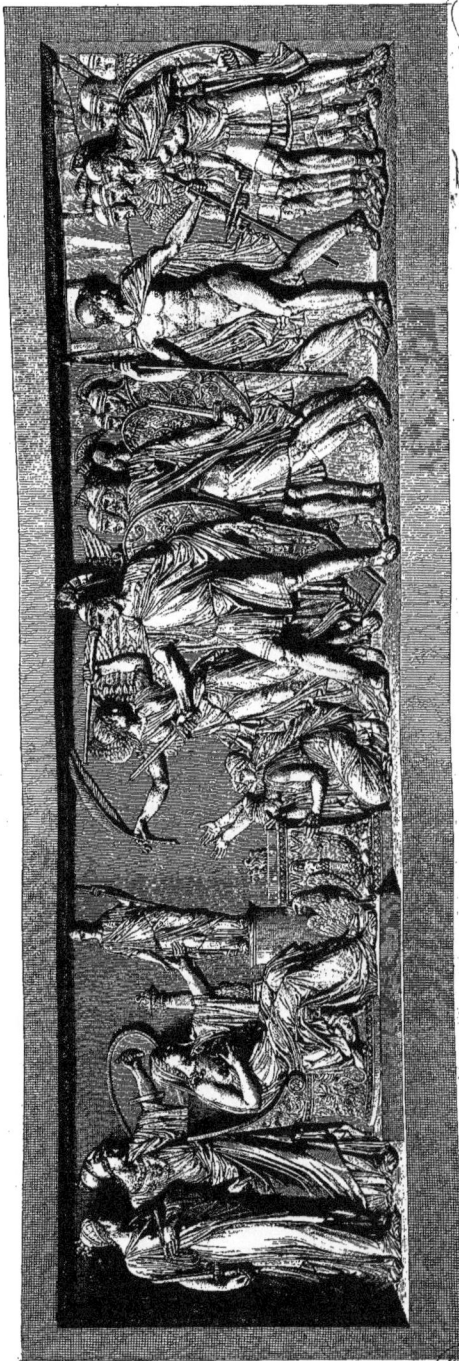

BAS-RELIEF PAR MOITTE.

Dessiné par Duchemin.

Gravé a l'eau forte par Chataignier.

Terminé par Nyon.

LA PATRIE APPELANT SES ENFANS A SA DÉFENSE.

LA FAMILLE

DE PRIAM,

TABLEAU PAR M. GARNIER.

LA FAMILLE DE PRIAM.

EXPLICATION DU SUJET.

ACHILLE, vainqueur près des sources du Scamandre, retourne au camp, traînant à son char le corps d'Hector dans les rangs des Grecs, accourus en foule pour outrager les restes du héros qui embrasa leur flotte.

Les cris dont retentit la ville de Troyes ont redoublé l'inquiétude d'Andromaque. Suivie de deux femmes et de son fils Astyanax, elle monte sur le rempart, au-dessus des portes Scées, dirige de tous côtés ses regards, et aperçoit les rapides coursiers traînant le corps de son époux devant les murailles. Aussitôt ses yeux se couvrent d'un épais nuage; elle tombe évanouie entre les bras de ses femmes, qui s'empressent à la secourir.

Hécube, succombant à sa douleur, reste abattue sur les degrés du rempart. Sa fille Laodice la presse dans ses bras, et Polixène à ses pieds paraît absorbée par le pressentiment des suites de ce funeste événement.

Pâris, cause de cette guerre, cherche à échapper aux reproches de tout ce qui l'environne. Priam, saisi de trouble et d'indignation, veut descendre, malgré les conseils de ses amis, pour aller réclamer le corps de son fils. » Laissez-moi, dit-il, sortir de ces murs, j'irai seul apaiser cet homme » terrible dont la fureur n'a point de bornes; mon extrême vieillesse lui » rappellera peut-être le souvenir de son père, et lui inspirera du respect » et de la compassion. »

Panthéus, prêtre d'Apollon, est aux pieds de Priam et l'arrête par son manteau. Anténor, représente à ce père infortuné les périls auxquels il va livrer sa personne et tout son peuple; auprès, sont Ucaligon et Clytius. Cassandre, éperdue, se précipite aux genoux de son père pour lui fermer le passage. Polydamas et un autre chef de Troyens se prosternent devant lui et le supplient de ne pas les abandonner. (*Iliade, chant XXII*).

Ce tableau a été exposé au Salon de 1800, et appartient au gouvernement; il est peint sur toile.

Hauteur, 4 mètres 50 centimètres (12 pieds 11 pouces).
Largeur, 6 mètres (18 pieds).

PEINT PAR GARNIER.

Dessiné par Marchais.   Gravé et imprimé par Quenedey.   Terminé par Ordinnal.

LA FAMILLE DE PRIAM.

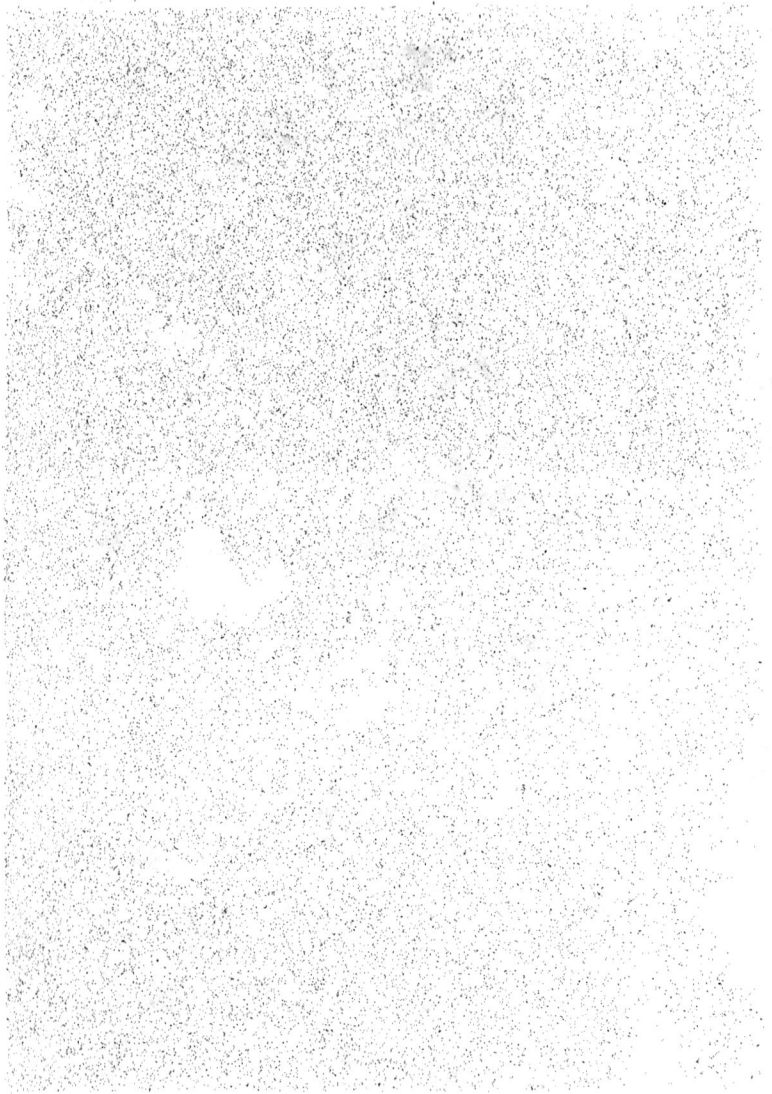

ATALA

AU TOMBEAU,

TABLEAU PAR M. GIRODET,

MEMBRE DE LA LÉGION D'HONNEUR.

ATALA AU TOMBEAU.

EXPLICATION DU SUJET.

Le passage suivant de l'ouvrage de M. de Châteaubriand a fourni à M. Girodet le sujet de son tableau. C'est Chactas, l'amant d'Atala, qui fait au jeune René le récit de la mort de la malheureuse fille de Lopez. « O mon fils ! il eût fallu » voir un jeune sauvage et un vieil ermite, à genoux l'un » vis-à-vis de l'autre dans un désert, creusant avec leurs » mains un tombeau pour une pauvre fille dont le corps » était étendu près de là, dans la ravine desséchée d'un » torrent !

» Quand notre ouvrage fut achevé, nous transportâmes » la beauté dans son lit d'argile. Hélas ! j'avais espéré de » préparer une autre couche pour elle ! Prenant alors un » peu de poussière dans ma main, et gardant un silence » effroyable, j'attachai, pour la dernière fois, mes yeux sur » le visage d'Atala. Ensuite je répandis la terre du sommeil » sur un front de dix-huit printems ; je vis graduellement » disparaître les traits de ma sœur, et ses grâces se cacher » sous le rideau de l'éternité ; son sein surmonta quelque » tems le sol noirci, comme un lis blanc s'élève du milieu » d'une sombre argile : Lopez, m'écriai-je alors, vois ton » fils inhumer ta fille ! Et j'achevai de couvrir Atala de la » terre du sommeil. »

Ce tableau a été exposé au Salon de 1808. Il est peint sur toile.

Hauteur, 2 mètres 8 centimètres (6 pieds 3 pouces).
Largeur, 2 mètres 72 centimètres (8 pieds 2 pouces).

Peint par Girodet.

Dessiné par Bouquet.

Gravé par Roger.

ATALA AU TOMBEAU.

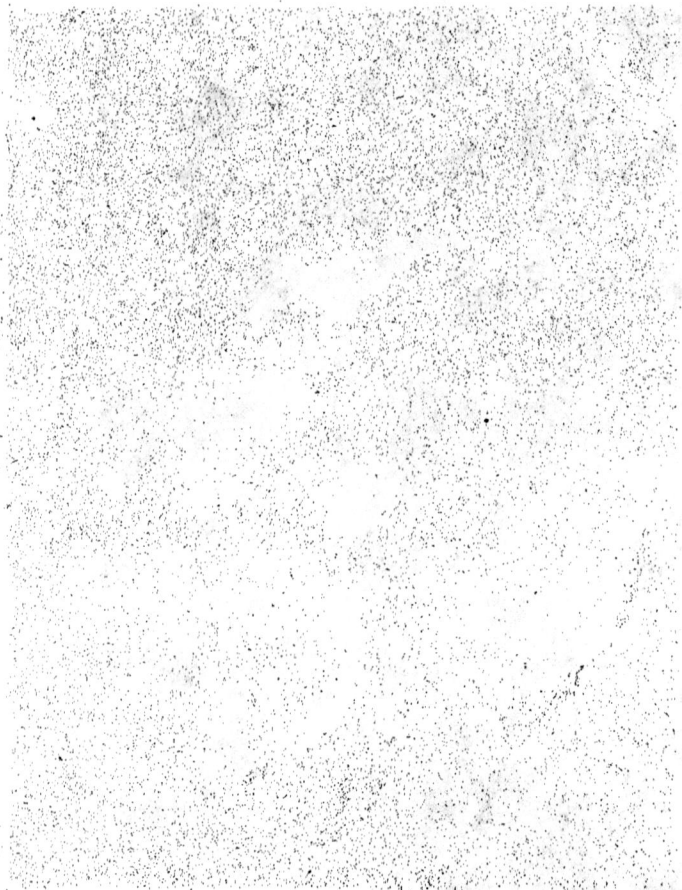

LA GLOIRE

DISTRIBUANT DES COURONNES,

BAS-RELIEF PAR M. CARTELLIER,

MEMBRE DE LA LÉGION D'HONNEUR.

LA GLOIRE
DISTRIBUANT DES COURONNES.

EXPLICATION DU SUJET.

La Gloire, montée sur un char, parcourt un champ couvert de trophées en distribuant des couronnes.

Ce bas-relief, en pierre, est placé au-dessus de l'archivolte de la porte extérieure du Louvre, du côté de la colonnade, à l'est du palais. Il est d'une grande proportion.

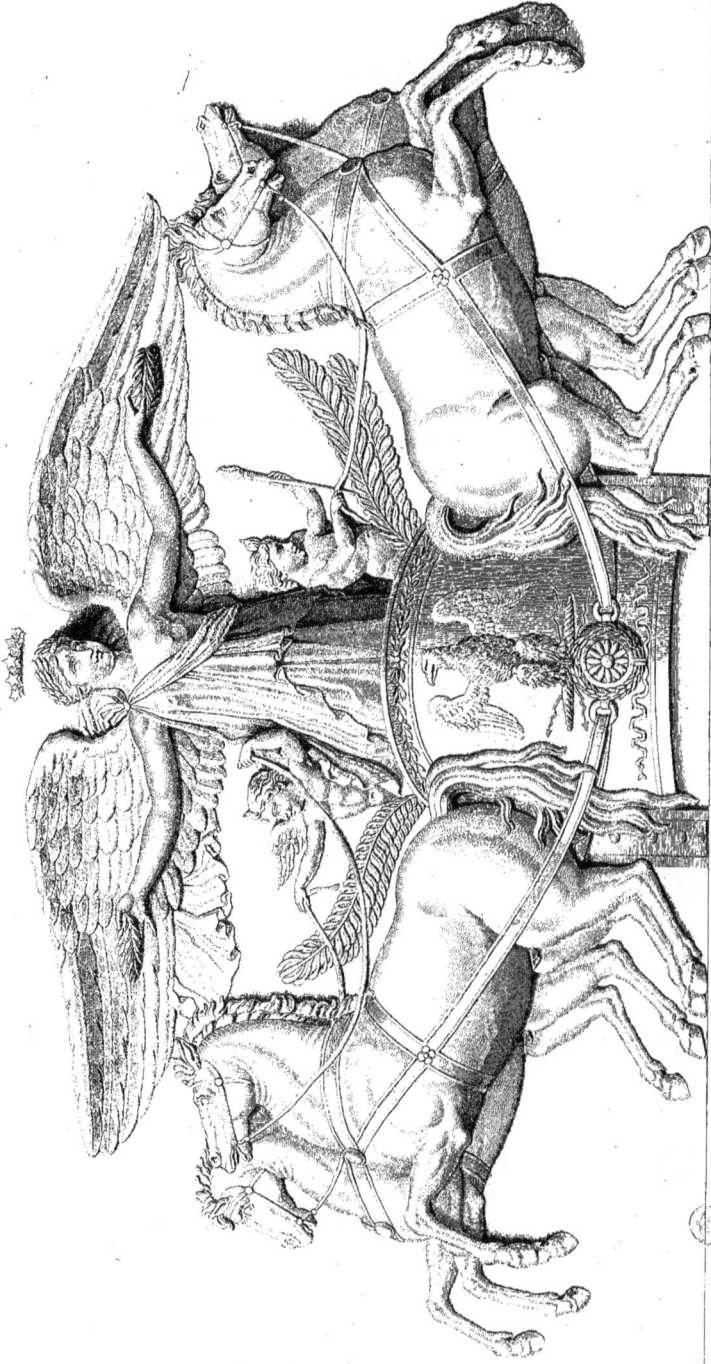

BAS-RELIEF, PAR CARTELLIER.

LA GLOIRE DISTRIBUANT DES COURONNES.

Dessiné par Neuhe.

Gravé par Hesse D.

PHÈDRE

ET HYPPOLITE,

TABLEAU PAR M. GUERIN,

MEMBRE DE LA LÉGION D'HONNEUR.

PHÈDRE ET HYPPOLITE.

EXPLICATION DU SUJET.

Accusé par Phèdre d'avoir conçu pour elle une passion criminelle, et d'avoir tenté de la satisfaire par la violence, Hyppolite paraît devant Thésée, qui, abusé par le témoignage d'OEnone, l'accable de reproche, l'exile et le dévoue à la colère de Neptune. Ce malheureux fils fier de son innocence, repousse par l'exemple de sa vie entière, les calomnies dont il est victime. M. Guérin l'a représenté au moment où il prononce ces vers.

> D'un mensonge si noir justement irrité,
> Je devrais faire ici parler la vérité,
> Seigneur, mais je supprime un secret qui vous touche;
> Approuvez le respect qui me ferme la bouche,
> Et sans vouloir vous même augmenter vos ennuis,
> Examinez ma vie et songez qui je suis.
>
> RACINE acte IV, scène II.

Ce tableau fut exposé au Salon de 1800, il fait partie de la collection du cabinet du Roi.

Hauteur, huit pieds.

Largeur, onze pieds.

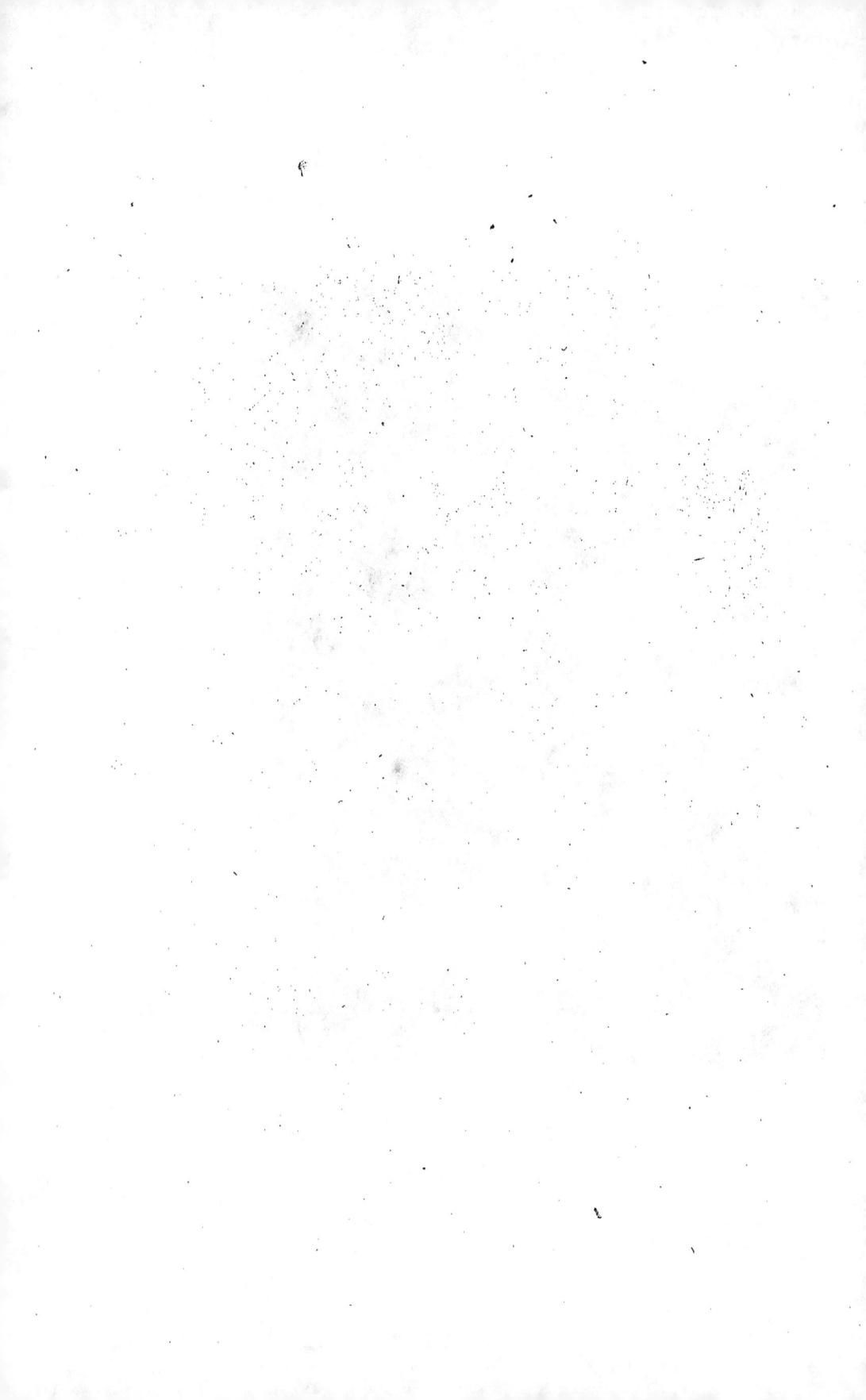

NICOLAS POUSSIN,

STATUE

PAR M. JULIEN.

NICOLAS POUSSIN.

EXPLICATION DU SUJET.

M. Julien, que la mort a trop-tôt enlevé à l'Ecole Française, a traité ce portrait avec beaucoup d'adresse et de goût; il a supposé que concevant au milieu de la nuit l'idée de son tableau du Testament d'Eudamidas, Le Poussin se lève précipitamment, s'enveloppe de son manteau, et se hâte de tracer son esquisse.

Cette statue en marbre est placée dans une des salles de l'Institut.

Proportion, six pieds.

24

STATUE DE JULIEN.

Dessiné par E. Bourdon.   Gravé par Corot.

LE POUSSIN.

LA PUDEUR,

STATUE PAR M. LEMOT,

MEMBRE DE LA LÉGION D'HONNEUR.

LA PUDEUR.

EXPLICATION DU SUJET.

Une jeune Nymphe surprise en sortant du bain, cherche à se dérober aux regards, et se couvre d'une draperie; à ses pieds est une tortue, symbole que l'on voit aussi à la statue de la Vénus pudique.

Cette statue est en marbre. Elle a été exposée au Salon de 1801.

Proportion, 1 mètre 89 centimètres (5 pieds 9 pouces).

Dessiné par Bourdon.

Gravé par Fonsar.

LA PUDEUR.

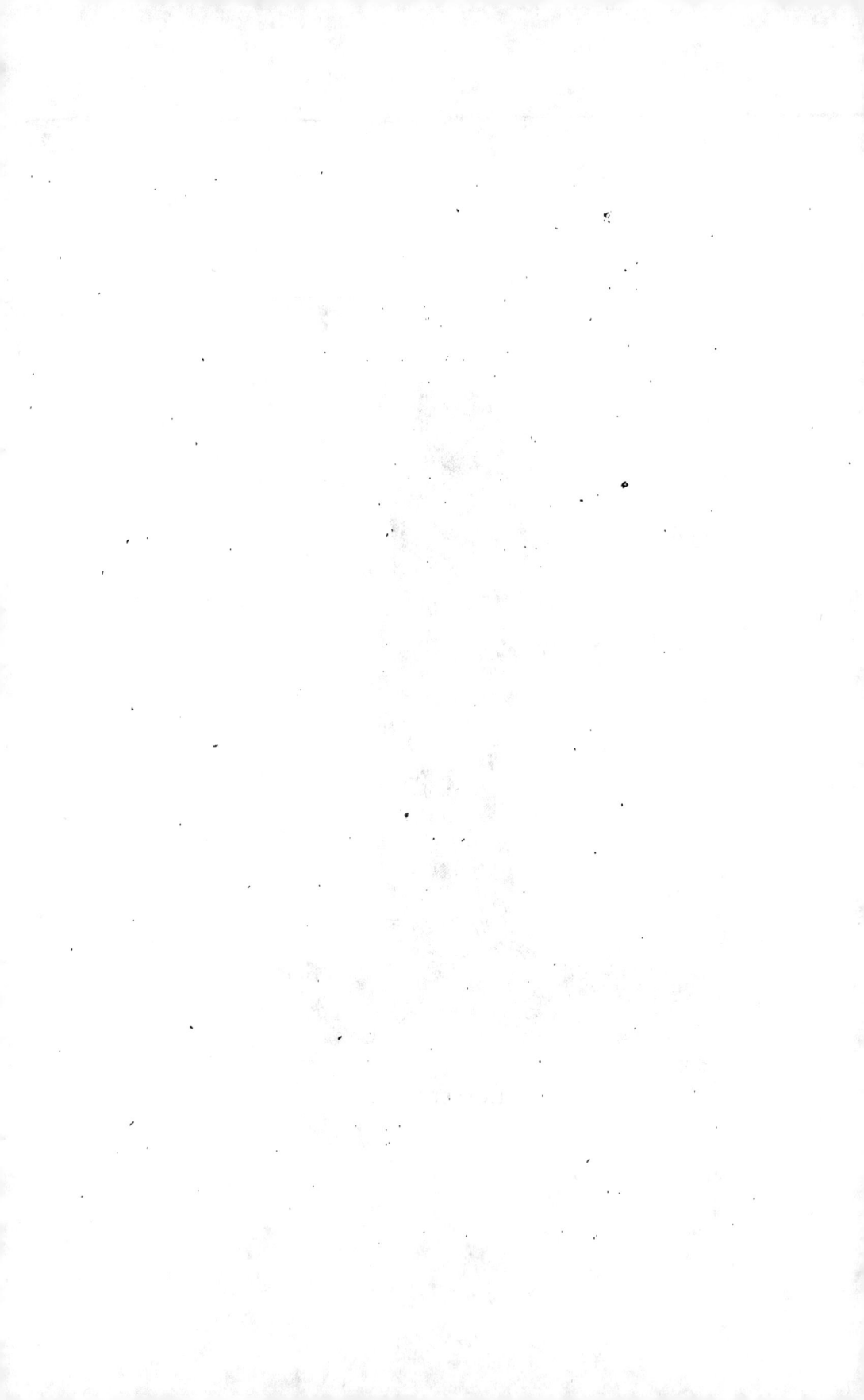

BUONAPARTE

VISITANT

L'HÔPITAL DE JAFFA,

TABLEAU PAR M. GROS,

MEMBRE DE LA LÉGION D'HONNEUR.

BUONAPARTE

VISITANT L'HÔPITAL DE JAFFA.

EXPLICATION DU SUJET.

Les ravages que faisait la peste dans l'armée d'Orient,
depuis le commencement de la campagne de Syrie, causaient
une inquiétude générale. Les effets de ce fléau se firent sentir
avec plus de force immédiatement après le siége de la ville
de Jaffa, qui fut prise d'assaut.

Le général en chef Buonaparte voulant arrêter les progrès
du découragement, que la crainte de cette maladie faisait
naître dans son armée, visita l'hôpital des pestiférés. Après
avoir fait distribuer tous les secours qu'il avait pu se procu-
rer, le général suivi de son état-major et du médecin en
chef de l'armée, donna son attention à tous les détails de
l'hôpital, et chercha à inspirer à ses soldats de la confiance
dans l'efficacité des remèdes qu'on employait.

Pour éloigner davantage l'idée d'une contagion incurable,
il fit ouvrir devant lui quelques tumeurs pestilentielles et
les toucha.

Ce tableau a été exécuté pour le Gouvernement et exposé
au Salon de 1804; il est peint sur toile.

Hauteur, 5 mètres 33 centimètres 6 millimètres (16 pieds).
Largeur, 7 mètres 5 millimètres (21 pieds).

PEINT PAR GROS.

Buonaparte visitant l'hôpital de Jaffa.

BUONAPARTE VISITANT L'HÔPITAL DE JAFFA.

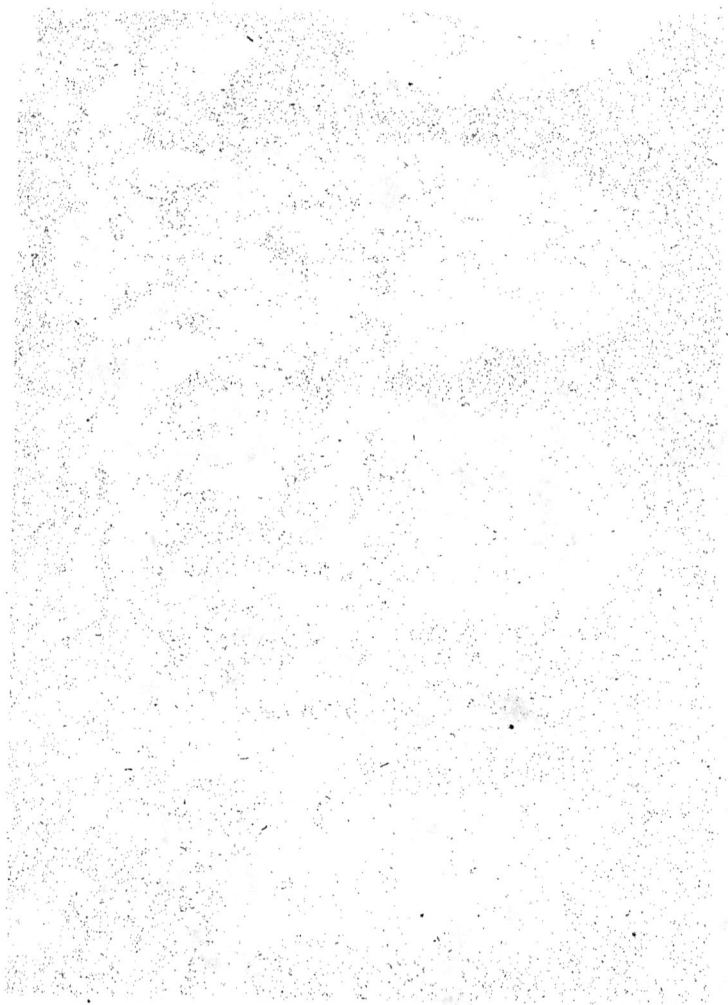

LES MUSES

RENDANT HOMMAGE

A LOUIS XIV,

BAS-RELIEF PAR M. LEMOT,

MEMBRE DE LA LÉGION D'HONNEUR.

LES MUSES

RENDANT HOMMAGE A LOUIS XIV.

EXPLICATION DU SUJET.

C ET immense bas-relief, placé dans le tympan du grand fronton de la colonnade du Louvre, représente les Muses qui, sur l'invitation de Minerve, viennent rendre hommage au souverain qui a élevé ce superbe édifice.

Clio grave sur le cippe qui porte le buste du monarque, ces mots : LUDOVICO MAGNO.

Ce bas-relief a été exécuté par M. Lemot en 1810 ; il est en pierre.

Hauteur, 4 mètres 66 centimètres 6 millimètres (14 pieds).
Largeur, 24 mètres 66 centimètres (74 pieds).

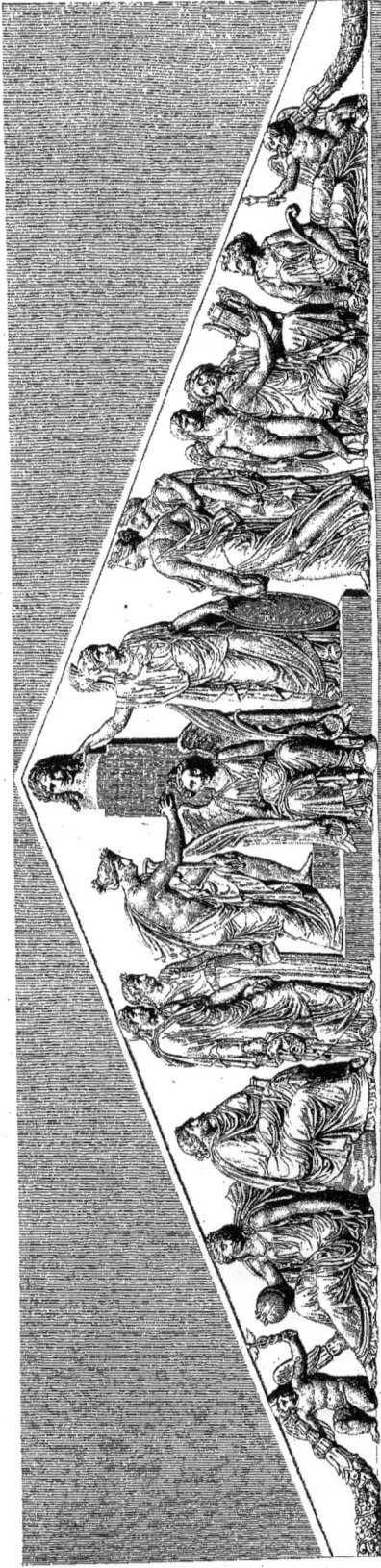

BAS – RELIEF PAR LEMOT.

LES MUSES RENDANT HOMMAGE A LOUIS XIV.

Dessiné par Bouton.

Gravé et Sculpté par Quesnel.

Terminé par Brunet.

www.ingramcontent.com/pod-product-compliance
Lightning Source LLC
Chambersburg PA
CBHW052041270326
41931CB00012B/2579